Steffen Wolff

Die Karieslüge

Wie Dein Zahnarzt
Dich krank behandelt

Satz: Erik Kinting – www.buchlektorat.net

Verlag: tradition GmbH, Hamburg

Bibliografische Information der Deutschen Nationalbibliothek:
Die Deutsche Nationalbibliothek verzeichnet diese Publikation in der Deutschen Nationalbibliografie; detaillierte bibliografische Daten sind im Internet über http://dnb.d-nb.de abrufbar.

Einleitung

Du hast wieder ein großes Loch im Zahn. „Wir müssen wieder bohren und eine Füllung setzen. Wollen Sie die kostenlose Kassenfüllung oder Keramikfüllung für 120 Euro? Ich würde Ihnen die Keramikfüllung empfehlen, weil die länger hält!" Sagt unser Freund der Zahnarzt zum regelmäßigem Dauergast, dem Patienten.

Kennst du diese Situation? Sicher kennst du diese alltägliche Situation aus deinem Leben. Wer kennt sie nicht. Ist es nicht eine Qual, sich immer wieder mit dem Pfeifen des Bohrers die Zähne aufbohren zu lassen? Mich hat es jedenfalls immer wieder in meinem Leben verfolgt und mit Angst erfüllt. Das ist der regelmäßige Besuch beim Zahnarzt. Doch müssen wir diese Bürde wirklich auf uns nehmen? Ist das der einzige Weg, den wir haben, damit wir mit einigermaßen gesunden Zähnen und ohne Löcher durchs Leben gehen können? Anscheinend ja ...

Ja anscheinend, habe ich bisher auch gedacht. Aber es gibt ein Licht am anderen Ende. Und ich kann dir versichern, es gibt einen anderen Weg. Ich habe meine eigenen Erfahrungen damit gemacht. Ich habe mein Karies selber geheilt ohne den Zahnarztbesuch und das schon mehrere male. Ich war mal Dauergast beim Zahnarzt und zur Zeit bin ich mittlerweile schon mehrere Jahre nicht mehr dort gewesen und habe aktuell gar keine Probleme mit meinen Zähnen. Durch mein wachsames und forschendes Wesen habe ich die Wahrheit entdeckt und möchte dir mit diesem kleinen Buch in Form von einem Kurs etwas in die Hand geben, wie auch du erwachst und dein Karies selber heilst und nebenbei noch eine Menge Geld sparst. Angetrieben die Wahrheit ans Licht zu bringen, ist es mir ein innerster Wunsch, dass so viele Menschen wie möglich von diesem Kurs erfahren und aufwachen.

Vielen Dank, dass du dieses kleine Buch gekauft hast. Es soll ein Selbsthilfekurs sein. Es zeigt mir, dass auch du ein wachsamer Mensch bist, der an der Wahrheit interessiert ist und

Verbesserungen in seinem Leben begrüßt. Ich wünsche dir nun viel Spaß beim Lesen dieses Kurses.

Meine Story und wie ich die Karieslüge entdeckte

Mein Name ist Steffen und ich lebe in der Nähe von Stuttgart. Ich bin eine junge aufgeweckte Seele, die immer wieder Dinge im Leben hinterfragt. Und das finde ich ganz wichtig im Leben. Wir sollten immer alles hinterfragen, denn wir werden viel getäuscht. Ohne, dass wir auch nur einen blassen Schimmer über die Täuschungen haben. Selbst wenn du dich scheinbar sicher fühlst, kann es eine Lüge sein. Aber da werde ich später noch näher drauf eingehen.

Wie viele Menschen hatte auch ich mein Leiden mit einer der verbreitetsten Volkskrankheiten Nr. 1 auf diesem Planeten, neben Diabetes und Bluthochdruck. Die Rede ist von Karies! Kennst du das auch? Den typischen Brief vom Zahnarzt im Briefkasten? Im halbjährigen Rhythmus kommt dieser besagte Brief zu uns nach Hause. Dann wissen wir bescheid, okay ich muss zum Check zum Zahnarzt. Oder anders rum, du hast Zahnschmerzen und spätestens dann gehst du ebenso zum Zahnarzt. Mein Hauptproblem war Karies. Ich hatte mindestens 1-2 mal im Jahr dieses Problem. Anfangs nahm ich es einfach hin, weil ich dachte, es wäre normal. Wir wachsen ja in dieses Problem hinein und werden bezüglich Karies so erzogen, dass es normal sei. Aber je älter ich wurde und desto bewusster ich lebte, umso mehr ärgerte mich dieses Problem mit dem Karies. Ich dachte: Das kann doch wohl nicht wahr sein, dass so ein junger gesunder Mensch wie ich es bin, ständig Karies hat. Ich wurde stutzig und die Erkenntnis fing an in mir zu arbeiten. Dann geschah über einen längeren Zeitraum eine Reihe von Geschehnissen, die meine alten Glaubenssätze bröckeln ließ. Das erste, woran ich mich erinnern konnte war, wie ich zum ersten mal meine junge und nette Zahnärztin fragte, wie es denn sein kann, dass ich durch meine gesunde Lebensweise überhaupt noch Karies bekommen konnte? Blitzschnell hatte sie ihre geschulte Antwort parat. Bei manchen Menschen sei das einfach so. Es liege in den Genen! Das war ihre Antwort.

Dies ärgerte mich noch mehr, weil ich mir dann dachte, warum dann ausgerechnet ich, der mit den schlechten Genen leben musste. Dann ließ ich mir demütig wieder die Zähne aufbohren.

Einige Zeit später bekam ich wie so oft, zur richtigen Zeit, das richtige Buch in meine Hände. Ich war auf einen Besuch zu Hause bei einer Kundin. Und in meinem Blickfeld viel mir ein rotes Buch auf, das von Zahnärzten und Zähnen handelte. In dem Augenblick dachte ich mir: Okay, ich wollte schon immer mehr darüber wissen und ich sollte mich mal mehr damit beschäftigen. Und ja, dieses Buch öffnete mir zum ersten mal meine Augen. Ich erfuhr zum ersten mal mehr über die Machenschaften der Zahnmedizin und warum und wieso Karies überhaupt entstehen kann. Bislang hatte mich mein ganzes Leben anscheinend niemand darüber aufgeklärt. Warum eigentlich?

Da ich mich gerne weiterentwickle, stand einige Zeit später auf meiner große „to do Liste" ein Thailandbesuch an. In dem ich zwei Seminare des bekannten russischen Bewusstseinsforschers Grigori Gravovoi besuchte. Der Akademiker Grigori Gravovoi hat sich wissenschaftlich mit der Bewusstseinsforschung auseinander gesetzt und dabei großartige Entdeckungen gemacht. Und so war ich dann im thailändischen Norden mitten im Dschungel und absolvierte dieses spirituelle Bewusstseinstraining. Das Wissen was ich dort vermittelt bekommen hatte, beinhaltet die Regeneration des physischen Körpers, allein mit dem Einsatz unseres Bewusstseins bei der Anwendung geistiger Schöpferwerkzeuge. Mit Hilfe dieser geistigen Techniken und Konzentrationen ist man in der Lage jegliche Katastrophen im Organismus wie auch globalen Ausmaßes zu verhindern. Durch die Veränderungen unseres Bewusstseins verändern wir unsere Realität und somit die Erscheinungsformen unserer Welt. Igor Arepjev hat weiterführende Forschungszweige über dieses Wissen eröffnet. Erste Organregenerationen wurden mit A. Petrov an ihrem gemeinsamen Instituten durchgeführt. Wird einem Menschen ein Organ oder irgendein anderes Teil was zum Körper gehört (Zahn) entfernt, dann entsteht ein leerer Raum im Körper, der sich unharmonisch zusammenzieht, denn nur der Körper in seiner Vollständigkeit befindet sich in Harmonie. Wenn dieses fehlende Organ regeneriert wird und nachwächst, dann weitet sich auch der Raum wieder aus, es harmonisiert sich auch das Außen. Wir müssen dies mit dem Blickpunkt betrachten, dass alles Energie ist. Somit ist der Zahn ein materielles Konstrukt, das auf einer anderen Ebene einfach nur Energie ist. Wenn diese Energie also entfernt wird, gibt es somit ein energetisches Ungleichgewicht. Die Wissenschaftler und ihre Nachfolger haben Institute und Schulen gegründet, darunter das „Zentrum Hoffnung", „Arigor", „Sigor" und „Noosfera", in denen die ersten Organ- und Zahnregenerationen vollständig abgeschlossen und dokumentiert wurden. Ich sage dies um dein Bewusstsein ein bisschen zu erweitern, wie es meins damals beträchtlich der Möglichkeit geöffnet hatte. Dieses Wissen ist sicher noch nicht alltäglich. Es ist sehr gut seinen Geist aufzumachen und davon wegzukommen was uns gelehrt wurde. Denn dies ist noch lang nicht alles und noch lange nicht die Wahrheit!

Alle Beeinträchtigungen und Disharmonien sind im Bewusstsein geboren und daher auch genau dort (im Bewusstsein) umzuwandeln. Nur der Geist kann erschaffen, weil der reine Geist bereits erschaffen wurde und der Körper eine Lerneinrichtung für den Geist ist.

Zusammengefasst wurde ich in diesem Seminar daran erinnert: DU BIST EIN SCHÖPFER!

Und deinen Schöpfer nennt man in dieser Welt auch Gott. Gott hat dich und die Welt erschaffen und du bist in dieser Welt, um ebenso zu erschaffen und die Herrlichkeit und Liebe zu verbreiten.

Und mit dieser Gewissheit flog ich dann nach hause. Zufällig hatte ich noch ein interessantes Gespräch im Flugzeug. Ich saß neben einem netten älteren Paar, was gerade vom Urlaub kam. Direkt neben mir die Frau. Lustig war, dass sie direkt aus meiner Heimat kamen. Mecklenburg-Vorpommern. Ich war froh, dass ich wieder ein deutsches Gespräch führen konnte. Die Unterhaltung mit der netten Dame war wirklich gut. Ich erzählte ihr euphorisch von Thailand und meinem Seminar und was ich nicht alles über Regeneration von Organen mit Hilfe des Bewusstseins gelernt hatte. Anfangs war sie sehr interessiert und wollte neugierig immer mehr wissen. Irgendwann merkte ich, dass Sie gewisse Blockaden hatte. Ich merkte, irgendwas passte plötzlich nicht. Etwas war geschehen. Zum Ende des Fluges fragte ich nach ihrem Beruf. Sie sagte: Ich bin jetzt in Pension, aber mein ganzes Leben war ich eine Ärztin! (-: Sofort war mir klar geworden, warum Sie mich nicht verstehen konnte. Wir fingen an uns anzuschmunzeln, immer wenn wir uns anblickten. Ich merkte tief in ihr, hatte ich etwas in Gang gesetzt. Vielleicht war es eines ihrer wichtigsten Gespräche in ihrer Karierrelaufbahn als Ärztin. Zum Schluss verabschiedeten wir uns freundlich und ich sagte zu ihr mit einem Zwinkern: Blinddärme können nachwachsen! Sie musste herzhaft lachen.

Später erkläre ich dir noch in diesem Buch, warum es für sie schwierig war auf dieser Ebene mit mir zu kommunizieren.

Wie hätte es auch anders kommen können. Kurze Zeit später als ich wieder zuhause in Stuttgart war, hatte ich links unten Zahnschmerzen. Der Karies war wieder da und ich konnte wieder nicht normal beißen. Insbesondere als ich auf dem Weihnachtsmarkt meinen geliebten Crêpe gegessen hatte, zog es anständig in dem Bereich des Loches. Uhhhh, wie unangenehm. Ein paar Tage später packte mich mein Ehrgeiz und ich ging es ganz pragmatisch und positiv an. Ein Gedanke schoss in meinem Geist: Wenn ich doch jetzt im Seminar erinnert wurde, dass ich ein Schöpfer bin und alles in die Norm bringen kann, was ich mir wünsche dann nutze ich doch die kleine körperliche Disharmonie meines Karies als kleines Experiment. Und so lag ich nun auf meinem Bett und schrieb das Skript nieder für meine Karies-Lenkung. Ich sage Lenkung, weil ich mit meinem Bewusstsein bewusst was lenken wollte. Dazu bekam ich die nächsten

Tage von meiner Intuition noch weitere Impulse, (die ich im späteren Teil des Buches näher erläutere) die ich unterstützend tat.

Später, in meinem stressigen Alltag vergaß ich schon fast, was ich zwecks meines Heilungsversuch getan hatte. Irgendwann ein paar Tage später viel mir auf, dass sich etwas verändert hatte. Ich fühlte mich sichtlich in meiner Mundgegend sicherer und testete mich mit meiner geliebten Nussschnecke die voll mit süßem Zucker war. Aber wo waren jetzt die Schmerzen hin? Sie schienen verschwunden zu sein. Ich hatte es tatsächlich wieder geschafft. Warum sage ich wieder? Weil seit meiner Entscheidung nicht mehr zum Zahnarzt zu gehen, ich meinen Karies schon zwei mal geheilt hatte.

Mein Lebens-Dauerproblem Karies, all diese Erlebnisse, das Erlernte, die Erkenntnisse bilden das Fundament und die Fakten ließen mich erkennen und sprechen für sich. Karies ist heilbar ohne die Zähne aufzubohren! Und so machte sich in mir immer stärker meine innere Stimme breit, dass ich dieses Wissen (was ja nicht neu ist) unbedingt an die Öffentlichkeit bringen muss, damit alle Menschen auf diesem Planeten aus ihrem Schlaf erwachen und der finanzstärksten Branche auf diesem Planeten (Zahnmedizin) nicht länger zum Opfer fallen.

Was ist Karies?

Karies ist eine durch den Stoffwechsel von Bakterien verursachte Erkrankung der Zähne. Bestimmte Bakterien heften sich in der Mundhöhle aneinander, kommunizieren miteinander und bilden Netzwerke. Sie bilden eine klebrige Substanz, die sich als Belag auf den Zähnen festsetzt. Wird der dabei entstehende Zahnbelag, auch Plaque oder Biofilm genannt, nicht regelmäßig entfernt, können sich die Bakterien schnell vermehren. Sie gewinnen ihre lebensnotwendige Energie aus den in den Speiseresten enthaltenen Zuckerarten. Dabei wandeln sie Zucker zunächst in Säuren um. Diese Säuren, vor allem Milchsäure, entkalken (entmineralisieren) den Zahnschmelz. Ist der Schmelz porös geworden, können die Bakterien in den Zahn eindringen und ihn von innen heraus zerstören. Die Mundhöhle hat eine natürliche Abwehr gegen Karies: den Speichel. Er ist mit Mineralstoffen angereichert und hat unter anderem die wichtige Funktion, den Zahnschmelz immer wieder zu härten. Kleinere

Schäden am Zahnschmelz können so repariert werden. Wird allerdings zu oft und zu viel Zucker verzehrt und dauern die Säureangriffe auf den Zahnschmelz zu lange an, hat der Speichel nicht genügend Zeit, seine Schutzfunktion zu erfüllen. Das Gleichgewicht zwischen Entkalkung und "Reparatur" ist gestört – das Loch im Zahn, Karies entsteht. Nun wird das Loch (Karies) aufgebohrt, entfernt und mit einer Füllung wieder verschlossen. Anschließend wird mit ordentlich Fluorid alles restlos versiegelt.

Das ist die altbewährte und einzige Methode, die seit sehr vielen Jahrzehnten in der Medizin angewandt wird, um dem Karies den Kampf anzusagen. Und weil es angeblich die einzige Methode ist, die wirklich den Karies verschwinden lässt, ist es tägliche Praxis beim Zahnarzt. Aber Moment mal, wieso müssen wir dann immer wieder hin, um uns die Zähne wieder aufbohren zu lassen. Warum kommt der Karies denn immer wieder? Haben die Ärzte denn noch nicht die Ursache erkannt und können wir nicht dort ansetzen? Wollen die

Zahnwissenschaftler uns denn wirklich weiß machen, dass sich in den letzten Jahrzehnten der Praxis des Zähne aufbohrens und in der Zahnmedizinforschung denn nichts getan hat? Ich meine, wir schießen regelmäßig Raketen ins Weltall, die Computerbranche entwickelt sich exponentiell und in der Zahnmedizin wird immer noch die gleiche unveränderliche Methode zum beseitigen von Karies benutzt wie vor 50 Jahren. Wie kann das sein? Und warum passiert dort keine wirklich wichtige Entwicklung?

Richtig, vielleicht ahnst du es schon. Vielleicht möchte ja irgendetwas nicht, dass wir uns von der Krankheit befreien. Ich meine ist es wirtschaftlich nicht etwa gut, wenn jeder Mensch mindestens zwei mal im Jahr beim Zahnarzt sich den Zahn aufbohren lässt? Ich denke so eine Zahnbehandlung wird doch bestimmt gut bezahlt. Der Menschliche Körper ist sehr widerstandsfähig und so eine Zahnbehandlung steckt er sehr gut und immer wieder weg. Dieses Zähne aufbohren kann man quasi das ganze Leben in Abständen machen. Was würde denn eigentlich passieren wenn Karies endgültig geheilt wäre und keiner mehr deswegen zum Zahnarzt müsste? Wusstest du, dass die Zahnmedizin zu den finanzstärksten Branchen auf unseren Planeten gehört, die jährlich Milliardenumsätze generiert? Tendenz steigend. Wenn alle Patienten nicht mehr wegen Karies zum Zahnarzt gehen bräuchten, dann würde dieses ganze System zusammen brechen. Wer möchte das schon? Das soll aber nicht heißen, dass die Zahnärzte vollkommen unwichtig sind. Mir geht es in erster Linie um den Karies und nicht um die sinnvollen anderen Behandlungen. Für mich war die Erkenntnis so grandios, dass ich mir jetzt nicht mehr die Zähne aufbohren lassen muss und ich mit dir unbedingt dieses Geheimnis teilen möchte.

Wie funktioniert eine Zahnarztpraxis?

Wie schon erwähnt, die Zahnmedizin ist die finanziell stärkste Branche auf diesem Planeten. Ist dir schon mal aufgefallen wie professionell so eine Zahnarztpraxis aufgebaut ist und wie dort gearbeitet wird? So eine Zahnarztpraxis ist ein Hightech Institut, wo auf hohem wirtschaftlichen und produktiven Niveau gearbeitet wird. Alles ist darauf ausgelegt, ein gutes Endprodukt (professionelle Zahnbehandlung) mit dem teuersten Hightech Equipment und Werkstoffen zu liefern. Gekoppelt mit sehr schnellem Service. Das heißt, so viele Aufträge wie möglich in kürzestester Zeit wie nötig zu leisten. Durch dieses höchste Arbeitsniveau können die höchsten Umsätze generiert werden. Eine gute Zahnarztpraxis soll am besten von morgens bis abends durchgängig Patiententermine haben. Und das hat sie auch. Jede Zahnarztpraxis, in der ich in meinem Leben war, war bis jetzt immer überfüllt und ausgelastet, so dass es für mich meistens schwer war überhaupt noch einen Termin zu bekommen. Einmal hatte ich mich damals besonders geärgert. Es war ein Notfall. Mir war nämlich ein Stück Zahn abgebrochen und ich wollte es dringend behoben haben, weil ich von morgens bis abends viel arbeiten musste. Ich fuhr also am nächsten Tag morgens gleich zum Zahnarzt weil ich dort noch Freizeit hatte in der Hoffnung, dass sich ein Notfall, der 10 Minuten Zeit kosten würde immer schnell zwischenschieben lässt. Tja das Ergebnis war Diskussionen mit mehreren Mitarbeiterinnen weil kein Termin frei sei. Ich guckte nach links in den Warteraum und sah eine Person dort sitzen. Sie waren absolut nicht bereit meinen 10 Minuten Notfall zu Behandeln, weil das Ärztehaus mit 4 Zahnärzte restlos überfüllt sei. Ich verstand die Welt nicht mehr. Das Wartezimmer war leer. Nun ja, mit Mühe und Not hatten wir Tage später noch eine Lücke und somit ein Termin gefunden. Ich war extrem verärgert, übte mich aber in Verständnis und Geduld. Kennst du diese Situation auch? So mit verdient ein guter Zahnarzt laut Kassenzahnärztlichen Bundesvereinigung bis zu 130.000 Euro im Jahr! Ich gönne diesen Menschen das, sie arbeiten wirklich hart für ihr Geld. Aber in Bezug auf ein Implantat, das ca. 3500 Euro kostet, finde ich es ein bisschen ungerecht wie so ein hoher Betrag zustande kommt. Welcher normaler Mensch soll sich sowas leisten können? Irgendwie stimmt die Relation nicht mehr. Ein kleiner Zahn – 3500 Euro? Die Lösung ist, man kann es ja bequem in Raten abbezahlen. Wie bei einem Auto. Dann merkt man diesen hohen Betrag gar nicht. Klar können einige Menschen dies mit guten Gründen rechtfertigen. Aber mal ehrlich, Hand aufs Herz, es ist too much!

Dies war die finanzielle Seite der Zahnärzte. Aber ich möchte noch eine andere Seite beleuchten. Sicher hast du dich schon gefragt, ob die Zahnärzte uns mit Absicht täuschen wollen, um uns einfach nur abzuzocken? Die Antwort ist ganz klar NEIN! Sie haben doch keine Ahnung. Das Problem ist die Täuschung! Man muss noch tiefer in den Kaninchenbau schauen. Die Zahnmedizin, so wie andere ähnliche Einrichtungen des Systems, sind letztendlich Firmen, die gewinnorientiert arbeiten. Es geht nicht darum den Patienten gesund zu bekommen, sondern oft Symptome zu heilen (aber nicht ganz) und somit Umsatz zu generieren. Symptomorientiert anstatt ursachenorientiert. Und damit geht es schon früh los. In der Ausbildung der Zahnärzte. Dort beginnt die Manipulation der jungen angehenden Zahnärzte. Sie bekommen ausschließlich nur das gelehrt, was die gewissen mächtigen Privatpersonen (Rothschild Zionisten) am wirtschaftlichsten halten und ihren privaten Zwecken am besten dient. Wer sich mit den Thema Rotschild und co noch nicht beschäftigt hat, sollte sich unbedingt ein bisschen einlesen. Hier zu empfehle ich die Bücher von den Autor „David Icke", der die mutige Recherche zu diesem Thema zu seiner Lebensaufgabe gemacht hat. Ich möchte es noch mal klar und einfach zusammenfassen. Eine höhere und sehr mächtige Instanz hat Mittel und Wege gefunden ganz unten anzusetzen. Nämlich in der Bildung! Erinnere dich an mein Gespräch mit der netten pensionierten Ärztin im Flugzeug. Sie hatte nicht den leisesten Schimmer, was überhaupt alles möglich ist. Sie hatte damals ihre „gute" Ausbildung genossen und das ganze Leben so gearbeitet. Verstehst du jetzt warum ihr Verstand gegenüber einer neuen Möglichkeit streikt? Könnt ihr euch vorstellen wie schwer es ist eine altbewährte funktionierende aufgebaute Mauer wieder komplett einzureißen? Das hat diese Instanz (Rothschild Zionisten) nur geschafft, weil sie das eigentliche Sagen hat und den Plan bestimmt um ihre privaten Interessen zu verfolgen. Verstehst du? Ganz wenige entscheiden über die Masse, um sie in die gewünschte Richtung zu lenken und zu kontrollieren. Die fertig ausgebildeten Zahnärzte müssen später den Vorgaben des Spitzenmanagements folgen und Abläufe einhalten, welche nicht dazu da sind, den Patienten zu heilen, sondern um soviel Profit wie möglich aus jedem rauszuholen. Es werden nicht vernünftige und ursachenbekämpfende Methoden angewendet und überlegt, wie man am einfachsten und am unschädlichsten die Patienten wieder gesund machen kann, sondern wie kann man am teuersten, mit Spezialgeräten, komplizierten Labortests und mit vielen Medikamenten, die Symptome unterdrücken, diese nur behandeln, aber sicher nicht für immer heilen. Ein geheilter Patient ist kein gutes Geschäft, nur ein Dauerpatient ist dies. Das hört sich nach Verschwörungstheorie an? Ja, so werden immer die Wahrheiten von der geimpften (manipulierten) Masse schnell abgetan und dann ist die Sache vom Tisch gewischt. Aber hast du wirklich nachgeforscht? Bist du wirklich bis tief auf den Grund gegangen? Oder glaubst du, weil es einfacher und bequemer ist, den Medien? Weil es Experten sein müssen. Ich möchte dich hiermit aufrufen wirklich selbst nachzuschauen. Dieses mal nicht auf andere hören (Medien) sondern wirklich dich selbst damit zu beschäftigen. Und das machst du ja gerade auch!

Fluorid

Ich hatte mich mal speziell mit Fluorid beschäftigt und hatte herausgefunden, dass dies das reinste Gift ist, was sie uns auch noch als Heilmittel verabreichen. Der eine oder andere hat es bestimmt schon mal gehört. Fluorid ist giftig und schädigt den Menschen sehr. Wir werden alle getäuscht. Es ist skrupellos und es werden Statistiken gefälscht. Fluorid wird auf der ganzen Welt als Heilmittel beworben. Dem ist aber auf keinen Fall so. Davon bin ich fest überzeugt. Doch wann ging die ganze Geschichte los? Der Zahnarzt H.T. Dean behauptete 1938 das Kinder ohne Fluorid mehr Karies hätten. Diese Nachricht ging dann um die ganze Welt. Und es entwickelten sich daraus viele Studien, die dies begründen würden. Wusstest du eigentlich, dass eine Nachricht (Impuls/Information), ob jetzt wahr oder verdreht, innerhalb von drei Tagen mittels den Medien um den ganzen Planeten geht und alle Menschen erreicht? Und über diese Nachricht entscheiden sehr wenige. Merkst du was das bedeutet? Ich traf im Thailand Projekt eine ehemalige ARD Moderatorin, und sie erzählte mir wie es bei den Medien läuft. Den Namen möchte ich an dieser Stelle nicht unbedingt preisgeben. Demnach gibt es ein Monopol, das allein entscheidet, was alle Sender senden dürfen. Davon hatte ich vorher noch nie etwas gehört. Ich dachte immer das jeder Sender für sich steht. Es ist die Macht Falschinformationen in die Gesellschaft zu impfen. Es ist fast so, als wenn ein einziger Mensch einen Befehl in einen Computer eingibt und es sich in der ganzen Welt verbreitet. Die Entwicklung nahm seinen Lauf und aus dem Grund begann 1945 die Zugabe von Flourid im Trinkwasser von Amerika um den Menschen durch das „sichere" Fluorid vor Karies zu schützen. Ab da wurden die Zahnärzte an allen Universitäten auf der ganzen Welt positiv auf Fluorid unterrichtet. Wir sollten lieber auf Zucker verzichten um Karies zu verhindern, anstatt ein Mittel zu nehmen was vor Karies schützen soll. Aber das wollen bestimmte Menschen nicht. Die bestbehütetsten Patente liegen bei Coca Cola. Es ist offensichtlich, dass der Verfall der Zähne Hand in Hand mit der Einführung der modernen Industrienahrung geht. Und das ist besonders wichtig. Wie sollen wir dann auch von Karies loskommen, wenn wir auf der anderen Seite uns fast ausschließlich von Zucker ernähren müssen. Es ist wie ein kleines Kind im Süßwarengeschäft. Wir haben gar nicht wirklich die Chance nein zu sagen.

Fluorid ist in vielen Fällen der Auslöser von vielen Krankheiten bzw. verschlimmert sie.

- Allergien
- Arterienverkalkung
- Bluthochdruck
- Herz- und Kreislauferkrankungen
- Schlaganfälle
- Thrombosen
- Erkrankungen des Knochensystems wie Arthritis und Osteoporose
- Erkrankungen der Leber und der Nieren
- Muskel, Gelenk, Bein und Rückenschmerzen
- rheumatische Erscheinungen
- Missbildungen bei ungeborene Kinder. Die Erscheinungen sind z.B. Contergan ähn-

lich, Hasenscharte oder Kopf- und Gaumenspalte

Bei mir persönlich hatte ich es mit meinem Bluthochdruck festgestellt. Seit dem ich auf meine Fluorid Zufuhr achte, hat er sich extrem gut eingestellt. Danach als ich schon eine lange Zeit kein Fluorid bis wenig zu mir nahm und bei Freunden eines Tages in Norddeutschland zu Besuch war und ich ein Rührei aß, das mit extrem viel fluoridiertem Jodsalz gesalzen war, hatte ich kurz danach mein Blutdruck fühlbar steigen gespürt und einen roten Kopf bekommen.

Doch das Fluorid ist nicht nur in Kochsalzen (speziell in Jodsalz) enthalten. Wir nehmen es täglich im Trinkwasser, Zahnpaste und in Tafel- und Quellwasser auf. Das sind die 4 Hauptquellen, in die es mit Absicht beigemischt wurde. Aber es gibt immer Alternativen im Leben und wir können uns zum Glück noch entscheiden. So würde ich das Kochsalz durch Meersalz austauschen. Das normale Wasser aus der Flasche würde ich mit einem komplett ohne Fluorid tauschen, zum Beispiel ein gutes Quellwasser aus dem Bioladen. Aber Vorsicht, da musst du aufpassen. Es steht nicht auf jeder Flasche drauf ob Fluorid enthalten ist. Muss es auch per Gesetzt nicht! Laut dieser geheimen Verordnung (ich frage mich warum es überhaupt so ein komisches Gesetzt gibt?) (Du kannst dir das bestimmt denken … du weißt schon, die mächtigen Instanzen die das Sagen haben) muss bloß ab einer bestimmten Menge an Fluorid der Inhaltsstoff auf dem Flaschenetikett gedruckt werden.

Doch jetzt wird's gruselig. Der wahre Hauptgrund, warum du jeden Tag Fluorid zu dir nimmst, obwohl du vielleicht überhaupt gar nichts davon weißt ist: Fluorid macht willensschwach und versetzt den Menschen in einer Art nebelhaften Geisteszustand. Und dieser Zustand ist so normal geworden, dass der Mensch überhaupt nicht mehr weiß, dass es einen anderen Geisteszustand gibt. So wandeln ein Großteil der Menschheit wie seelenlose Zombies auf der Erdoberfläche umher, ohne es aber zu bemerken. Und zwar ist es technisch so, dass dieses Fluorid, welches gering aber dauerhaft in unser Körpersystem gelangt, die Zirbeldrüse verkümmern lässt. Die Zirbeldrüse ist ein kleines aber überaus wichtiges Organ in der Mitte von unserem Kopf. Sie ist so groß wie eine Erbse. Es ist gleichzeitig die materielle Manifestation des Kronenchakras, was bestimmte Eigenschaften besitzt. Das Kronenchakra ist im allgemeinen für die göttliche Anbindung zuständig. Wie eine kleine Antenne, die wir auf unserem Kopf tragen die göttliche Impulse überhaupt erkennen lässt. Die Zirbeldrüse schüttet in der materiellen Welt Hormone aus um Mensch und Umgebung zu steuern. Die Zirbeldrüse ist der Sitz des Bewusstsein. Je aktiver sie funktioniert umso bewusster sind wir. Durch die Zufuhr von Fluorid verkümmert die Zirbeldrüse und ihre Funktion. Der Mensch ist abgetrennt von der göttlichen Intelligenz, unbewusst dumm und somit steuerbar. Gekoppelt mit gezielter Werbung durch die Medien, werden so Menschenmassen steuerbar. Es gefällt den Verantwortlichen nicht, wenn wir in der Lage sind Manipulation zu erkennen. Deswegen ist auch

Fluorid weltweit in über 60 Psychopharmakas. Und so könnten wir sagen, es trifft nur auf einen kleinen Teil der Bevölkerung zu. Wir könnten sagen, man könnte ja nicht die ganze Welt damit füttern ohne das wir es bemerken würden. Nun wenn man dieses Medikament als „lebenswichtiges Spurenelement" verkauft und ein Fluoridmangel verantwortlich für Karies macht, dann ist es doch nicht so weit hergeholt oder? Achte aber auch darauf so wenig industriell hergestelltes Essen wie möglich zu essen. Auf der Verpackung steht nämlich drauf, dass Salz enthalten ist. Zu 90% wird das billige fluoridierte Salz verwendet. Am besten ist immer noch unser Essen frisch zuzubereiten. Da wissen wir wenigstens noch was drin ist!

Manch einer fragt sich, ob so eine geringe Menge, die im Wasser, Zahnpaste und Jodsalz enthalten ist, überhaupt wirklich schaden kann? Auf einer tieferen Ebene ist unser Körper Schwingung und Energie. Selbst die minimalsten negativen Energien (durch Fluoride) beeinflussen das System. Es gibt keine unbedenkliche Dosis. Fluoride sind hochgiftig und gefährlich. Bereits eine vermeintlich geringe, aber stetige Aufnahme von Fluoriden beschleunigt die Alterung, lassen Zellen sterben, fördern den gesundheitlichen Verfall des Nervensystems und fördern vielfältige, meist unheilbare Krankheiten. Fluorid mit einer Konzentration von 1 ppm (part per million) ist genauso giftig wie Arsen und Blei (0.001 Gramm in 1000 ml ist 1 ppm). Fluorid ist einer der größten Fälle von wissenschaftlichem Betrug! Die Fluorid Befürworter bestehen nach wie vor darauf, dass Fluorid gut für die Zähne sei.

Eins könnt ihr euch sparen, sprecht nicht euren Zahnarzt auf Fluorid an. Ihr könnt es versuchen, aber versprecht euch nicht zu viel. Ich hatte dir ja schon den Grund genannt, warum die Zahnärzte keine Ahnung davon haben und aber auch nichts dafür können. Sie sind so ausgebildet und auch wie 98% der Weltbevölkerung in das manipulierte Massenbewusstsein involviert!
Sie sind wie wir alle, hineingeboren in die Matrix. Als ich noch nicht das Wissen hatte

und am Anfang meiner Forschungen stand, machte ich mir mal die Mühe und fragte meine junge engagierte Zahnärztin was es denn mit den Fluoriden auf sich hat. Sie gab mir darauf die typische Antwort, dass Fluorid das beste Mittel für die Zähne sei und dass es überall auf der Welt angewendet wird. Als ich dann darauf hin mit meinem neuen Wissen kam, merkte ich eine gewisse Spannung zwischen uns und sie diskutierte meine Meinung in Grund und Boden, so dass ich mit meinen neuen Wissen ganz klein wurde und aufgab. Mein von der Gesellschaft programmiertes Programm sprang wieder an und ich erwischte mich mit dem Glauben „Naja, sie ist Ärztin und sie hat wohl Recht" ich fühlte mich klein und glaubte ihr wieder. Später holte mich dann meine Neugier, mein Forschen und die Fakten auf den Boden der Tatsachen und ich durchblickte die ganze Geschichte. Deswegen wird es keinen Sinn machen, wenn du einen Zahnarzt drauf ansprechen wirst. Er als Mensch und seine Position als Zahnarzt werden sich immer bedroht fühlen und er wird diskret und nett zum Angriff übergehen und deine letzten Zweifel an seiner Methode mit mächtigen Argumenten niedermachen.

Was bisher gegen Karies getan wurde

Was passiert, wenn dein Zahn weh tut? Du bist so konditioniert, dass wenn du Schmerzen am Zahn hast, dein erster Impuls ist: Ich muss zum Zahnarzt! Und somit wird gar nicht lange gefackelt, der Körper ist wie eine Maschine und kann vom Arzt repariert werden, denkst du. Dann wirst du dich in dem hellen Raum auf den bequemen Liegestuhl wiederfinden und der Zahnarzt wird dir sagen, wir müssen bohren! Du lässt dir wieder eine giftige Spritze geben, damit du den Schmerz nicht fühlen musst. Wenn du einen guten Zahnarzt hast, dann hörst du wenigstens noch das Radio nebenbei mit netter Musik. Das mit der Spritze kommt auch noch dazu. Viele tun die Betäubung als harmlos ab. Aber es ist jedes mal ein bisschen toxische Substanz die du dir in dein System spritzen lässt. Du hörst das pfeifen des Bohrers schon und der Arzt fängt an dir deine Füllung wieder aufzubohren. Danach fragt er dich Kassenfüllung oder die bessere Füllung mit der längeren Langlebigkeit für 120 Euro? Du nimmst natürlich die bessere, weil du Angst hast dass die Kassenfüllung nicht reicht und du schnell wieder Karies bekommst (Es wird mit Angst gearbeitet um was teueres zu verkaufen). Er macht dir die Füllung rein und härtet es mit dem anderen Gerät und dem blauen Licht aus. Wenn ihr ganz sicher gehen wollt, schmiert er deine Zähne sicherheitshalber mit der Fluoridcreme ein und ihr seid fertig. Du bedangst dich still, weil dein ganzer Mund noch betäubt ist mit einen kräftigen Händedruck und gehst nach hause. Deine Hoffnung stirbt zuletzt und du denkst, dass du jetzt erstmal die nächsten 3 Jahre nicht mehr zum Zahnarzt musst. Du nimmst dir förmlich vor, jetzt noch besser mit der Ernährung und der Pflege der Zähne aufzupassen damit du ja nicht wieder hin musst. Und zack, ein halbes Jahr oder Jahr später tut der nächste Zahn weh. Und das ganz Spiel geht wieder von vorne los. Das ist der ewige Kreislauf eines Zahnlebens. Doch ist das wirklich so? Nein ... Gott sei dank nicht und hier kommt die Lösung.

Meine Lösung für dich

Meine Lösung für dich ist, dass wir viel zu schnell auf Krankheiten allgemein und speziell Karies unser Hauptthema reagieren und sofort unsere Verantwortung dem Arzt abgeben. Ja wir werden krank und denken wir müssen schnellstmöglich reagieren und die Krankheit mit aggressivsten, high-tech Methoden sofort eliminieren lassen. Aber das ist ein Fehldenken was uns im Laufe der Zeit eingetrichtert wurde. Das habe ich durch meine eigenen Erfahrungen entdeckt und gelernt und wurde durch meine Forschungen bestätigt, so dass ich dir jetzt die Natur der Krankheit zeigen werde.

Dies ist der Kern meiner Botschaft für dich und stellt das grundlegendste Umdenken in Bezug auf Karies da.

Das ganze kannst du speziell unter „Neue germanische Medizin" finden. Ein deutscher Arzt namens Ryke Geerd Hamer hat etwas interessantes entdeckt. Diese neue Medizin basiert grundlegend auf 5 „Biologischen Naturgesetzen", die auf jeden Fall bei Tieren, Menschen und Pflanzen im Falle einer Erkrankung zutreffen.

Demnach ist grundlegend der Auslöser jeder Krankheit immer ein biologischer Konflikt. Dieser Konflikt ist ein Schockerlebnis das Hamer als DHS (Dirk Hamer Syndrom) bezeichnet. Benannt nach seinem Sohn, der damals angeschossen wurde und in Dr. Hamer den Schock auslöste für seinen Hodenkrebs. Schlussfolgernd liegt der Ursprung für eine Erkranken in der materiellen Ebene immer im Geist! Und kann auch nur im Geist wieder gelöst werden. Hamer hatte die Möglichkeit entdeckt und eine Diagnose des Syndroms schon vorzeitig, bevor sich die Krankheit am Körper manifestiert, durch kreisförmige Zeichen im Gehirn mittels Computertomographie zu sehen.

Nehmen wir mal das schwerwiegendste Beispiel einer Erkrankung, Krebs. Krebserkrankungen seien in Wahrheit sinnvolle biologische Sonderprogramme und ein Teil des natürlichen Heilungsprozesses, der nach den auslösenden Schockerlebnis beginnt. Es ist jetzt völliges umdenken gefragt. Dieser Heilungsprozess an den Bakterien, Viren und Pilze beteiligt sind, dürfte nur in Ausnahmefällen durch Medikamente und Operationen unterstützt werden.

Um eine Krankheit zu behandeln, kommt es vor allem auf den gesunden Menschenverstand an. Es ist wichtig die Zusammenhänge der Entstehung der Krankheit und deren Verlauf zu verstehen. Es ist äußerst wichtig die Angst vor der Krankheit zu nehmen. Die Krankheit in einem neuen Licht zu betrachten. Als ein normaler Prozess. Und es ist wichtig, das Konflikterlebnis aufzulösen. Stattdessen wird meistens speziell bei Krebs all dies überhaupt nicht beachtet und aber dafür schnellstmöglich die Chemotheraphie (Die teuerste high-tech Methode) eingeleitet. Dies ist einer der aggressivsten Giftcocktails, den man sich geben lassen kann. Man zerstört somit unwissend die letzten gesunden Zellen in sich und gibt dem

Körper den letzten Gnadenstoß. Die Folge ist, man kommt nie wieder aus dem Krankenhaus heraus. Vor längeren hatte ich mal gelesen, dass kein Arzt der Welt sich selber freiwillig die Chemo geben würde. Wer das ganze jetzt mit seinem Bewusstsein erfassen kann, weiß dass da wohl was dran sein wird. Ich möchte dieses brisante und große Thema Krebs nicht weiter ausführen, weil man sicher ein ganzen Buch damit füllen könnte. Es sollte bloß ein passendes Beispiel sein.

Zur Anschauung und besserem Verständnisses möchte ich dir meine Erfahrungen mit einer anderen Erkrankung teilen. Es gab eine Periode von ca. 5 Jahren in meinem jungen Leben, da litt ich massiv an einer Hämorriden Erkrankung. Jedes halbe Jahr waren meine Hämorriden entzündet und ich hatte solche Schmerzen, dass ich nicht mehr weiter wusste. Dazu hatte ich einen sehr stressigen Job, in dem ich mich körperlich viel bewegte und im Auto ständig ein und aussteigen musste. Demnach ging ich zum Arzt und er teilte mir mit, dass der einzige Weg sei, dass ich ins Krankenhaus gehen müsste um mich operieren zu lassen. Und so nahm ich die Tortur auf mich. Der ganz Ablauf, die höllischen Schmerzen danach und alles was dazu gehörte war so schlimm, dass ich es gar nicht abwarten konnte, bis die lange Heilungsphase von der Operation zu Ende war. Ich hoffte sehr, dass ich dies nie wieder erleben musste. Dann ca. ein Jahr später hatte ich wieder dasselbe Problem. Meine Hämorriden waren erneut entzündet. Niedergeschlagen und verzweifelt suchte ich erneut einen Arzt auf. Diesmal wurde ich zum Proktologen einem Enddarmspezialisten überwiesen. Der Kampf ging weiter. Er fragte mich ob ich lieber 3 Tage Krankenhaus möchte oder 3 Minuten bei ihm? Ich entschied mich in meiner Not bei ihm behandeln zu lassen. Das Ende vom Lied war, dass er mir die Hämorriden ohne Narkose direkt abschnitt und verödetet. Dies waren die größten Schmerzen, die ich je in meinem Leben fühlen durfte. Die Schwestern hielten mich mit ihren Händen an meine Beine fest, als sei ich in einem Irrenhaus und ich schrie dabei wie am Spieß. Ein halbes Jahr später waren meine Freunde die Hämorriden wieder da. Und ich saß wieder beim Proktologen. Er stellte mich wieder vor die Wahl. Und ich wollte es wieder schnell haben. Schnell das Problem weg, damit ich wieder weiter im Hamsterrad Steine schleppen durfte. Aber diesmal war etwas anders. Ich betete zu Gott, dass er mir helfen sollte und mein Körper schien sich an die Höllenschmerzen erinnern zu können und verkrampfte diesmal so sehr, dass eine Behandlung nicht möglich war. Der Arzt weigerte sich förmlich mich weiter zu behandeln! Ich saß danach verzweifelt zuhause. Dann kam der rettende Impuls „gehe zu einem tibetischen Arzt"! Und das tat ich auch. Ich fuhr einige Tage später hunderte Kilometer um zu einem tibetischen Arzt zu gelangen. Und dann geschah genau das, was ich oben beschrieben hatte. Er guckte via tibetischer Pulsmessung in mein Körpersystem rein und erkannte sofort die Ursache. Ich hatte demnach viel Feuer in mir und er wusste, da ich nicht im Fluss des Lebens war, nicht authentisch mit mir selber war und nicht auf meine innere Stimme hörte, dass ich das Problem erkennen müsste, um die Energie wieder fließen zu lassen. Er fragte mich, was ich wirklich im Leben möchte und was mich daran hinderte? Sofort wusste ich das ich mich mehr um mich SELBST kümmern wollte und dass mir mein anstrengender Job im Hamsterrad mit vielen Konflikten im Weg stand. Ich hatte mich wie eingeengt im Gefängnis gefühlt. Er verschrieb mir noch einen chinesischen Tee mit Baumwurzeln und ließ mich nach hause fahren. Unterwegs beschloss ich mit neuen Impulsen, gewonnener Lebensenergie und Mut mein Job zu kündigen. Ich trank fleißig meinen Tee und wie durch Zauberhand verschwanden nach einigen Tagen meine Hämorriden (die Lebensenergie konnte wieder fließen, die Blockaden waren behoben). Und das ohne Operation! Das biologische Hämorridensonderprogramm arbeitete zu Ende und die Hämorriden bildeten sich von selbst zurück. Stell dir vor, wie überflüssig die schwere Operation für mich war. Die Schulmedizin schneidet zu schnell ab um die Symptome zu unterdrücken anstatt die Ursache zu beheben.

Und so ist jede Krankheit ein sinnvolles biologisches Sonderprogramm, so wie Karies auch.

Im Laufe der Zeit erkannte ich genau dieses Schema. Durch mein Wissen was ich angehäuft hatte, ging ich diesmal nicht zum Zahnarzt und beachtete dabei die nachfolgenden Punkte, die ich unten auflisten werde. Ich wartete und setzte neue Impulse. Und ja, mein innerer Heiler heilte meine Karies. Das biologische Sonderprogramm arbeite zu Ende und meine Schmerzen waren verschwunden. Ich sparte mir den Besuch beim Zahnarzt. Und das nicht nur einmal, sondern schon mehrmals über Jahre. Man könnte die alte Lebensweise zum Vergleich zur neuen gegenüber stellen. In der alten Lebensweise ging ich mindestens zwei mal im Jahr zum Zahnarzt und ließ diverse Dinge machen. Ich hatte regelmäßig Karies. Mit der neuen Einstellung verschwanden die Probleme komplett und ich war jahrelang gesund. Aus einer Beobachterperspektive kann man diese beiden Lebensabschnitte betrachten und sich jetzt entscheiden was die bessere, intelligentere und gesündere Variante ist!?

Wir müssen Verantwortung übernehmen

Eines der ersten und wichtigsten Punkte ist, dass wir wieder Verantwortung übernehmen müssen. Wir geben überall in unseren Leben unsere Verantwortung ab. Nach dem Motto „Er wird es schon richten" So ist es bei den Ärzten, Versicherungen, Politik, Religionen und dem Schulwesen. Es geht in erster Linie darum zu erkennen wer wir sind. Wir sind alle Schöpfer unsere Realität und wir sollten wieder das Ruder selbst in die Hand nehmen, auf unser Herz hören und unser Schiff selber lenken. So ist es speziell bei dem Thema Krankheiten. Wenn wir erkennen, dass wir selber unser Heiler sind und wir keine Medikamente zum unterdrücken der Symptome und teure Operationen mit Spezialgeräten brauchen und es dort größtenteils ums Geldverdienen geht (Ich habe eine Bekannte die zufällig die Buchhaltung im Krankenhaus macht, sie hat mir dies bestätigt), dann sind wir fähig das Leben, uns selbst zu verstehen und das Ruder in die Hand zu nehmen. Wir sollten wieder unseren gesunden Menschenverstand einschalten und uns mit unserer Krankheit auseinandersetzen. Denn nur dann können wir die Ursache erkennen und selber lösen.

Wichtigkeit von Sauberkeit der Zähne

Wie entsteht Karies? Wie oben schon beschrieben entsteht Karies ganz einfach, wenn man unsaubere Zähne hat (Aber auch durch seelische Unausgeglichenheit und viele andere unterschiedliche persönliche Faktoren, auf die ich später noch zu sprechen komme). Und diese Unsauberkeit (Zucker, Bakterien) bilden einen Film der sich in Säure verwandelt und die Zähne durchfrisst. Karies entsteht. Die Schlussfolgerung daraus ist, dass wir die Zähne sauber halten müssen, so das sich dieser gefährliche Film erst gar nicht auf den Zähnen bilden kann. Deswegen empfehle ich dir deine Zähne so oft wie möglich zu putzen. Aber auch da sollst du nicht übertreiben. Putze sie mindestens zwei- bis viermal am Tag. Insbesondere nach dem Essen. Da solltest du aber drauf achten, dass du ca. eine halbe Stunde bis nach dem Essen wartest, bis du dir die Zähne putzt. Unmittelbares Zähneputzen nach bestimmten Mahlzeiten kann den Zähnen schaden. Der Grund: Nach dem Verzehr saurer Lebensmittel wird die Zahnsubstanz dazu gehören Zahnschmelz, Zahnbein und Wurzelzement von Säuren attackiert. Säuren lösen Mineralien wie Kalzium und Phosphat aus dem Zahnschmelz heraus. Die Schutzschicht wird so geschwächt. Werden die Zähne nun geputzt, reibt die Putzbewegung den Zahnschmelz ab. Zahnärzte sprechen hier von Abrasion. "Hat sich das Zahnfleisch bereits zurückgebildet, kann die Abrasion auch das Zahnbein betreffen".

Am Ende des Tages, beim letzten Zähneputzen bevor du ins Bett gehst, solltest du bevor du anfängst mit putzen, deine Zahnzwischenräume mit Zahnseide reinigen. Auf jeder Seite des Zahnhalses solltest du wie eine Säge hoch und runter bis ins Zahnfleisch gehen um Unreinheiten zu entfernen damit über die Zeit der längeren Nachtruhe alles clean ist.

Zum Zähneputzen empfehle ich eine natürliche Zahncreme selbstverständlich ohne Fluoride (denke an deine Zirbeldrüse). Du kannst z.B. die rote Ajona Zahncreme benutzen, die gibt es im normalen Handel. Oder du kannst dir eine Ayurvedische Kräuterzahncreme von Amazon bestellen. Es geht aber auch ganz einfach mit Salz-Sole. (Meersalz oder Himalayasalz in Wasser lösen und in Flaschen oder Glas aufbewahren). Man nimmt einen Teelöffel davon in den Mund und putzt wie gewohnt. Bei empfindlichem Zahnfleisch kann man verdünnen.

Wichtig ist auch zu Wissen, dass unser Speichel Reparaturstoffe enthält die den Zahnschmelz wieder aufbauen können. Deswegen lasse ich öfters nach Gefühl, z.B beim Autofahren mein Mund mit Speichel volllaufen um die Zähne darin kurz zu Baden. Hilfreich ist sein Bewusstsein darauf zu lenken und seinen Speichel nochmal extra zu informieren, was er jetzt genau tun soll. Aufbau des Zahnschmelzes zum Schutz z.B.

Eine allgemeine gesunde Ernährung für die Zähne

Eine gesunde ausgewogene Ernährung ist nicht nur gut für Körper, Geist und Seele, sondern natürlich auch für gesunde Zähne. Denn was du isst, bist du! Der Grund für Karies ist nicht nur Bakterien und deren Säureausscheidungen, sondern Mangelernährung und Stress. Bevorzuge natürliche vitaminreiche Lebensmittel: Natürliches Kalzium und Phosphat (z.B viel Obst, Gemüse, grünes Gemüse um alle Vitamine und Mineralstoffe abzudecken, natürlich gebundene Vitamin A, D, C (Lebertran, Fisch, Eier, unpasteurisierte Butter, Sahne, Käse, Avocado, Kräuter). Besonders geeignet sind Smoothies.

Absolute Gegner von gesunden Zähnen sind: Zucker (z.B in Kuchen, Schokolade, Softdrinks, Ketchup) Isolierte Stärke (Weißmehl, Brot, Nudeln) Diese kurzkettigen Kohlenhydrate bewirken Blutzuckerspitzen, die das Kalzium Phosphat Gleichgewicht stören. Hier solltest du drauf achten so wenig Zucker wie möglich zu konsumieren. Denn Zucker ist das reinste Gift nicht nur für die Zähne und Karies, sondern auch allgemein. Wenn du viele Lebensmittel mit Zucker isst, kann es sein, dass dein Körper leicht abhängig ist. Da solltest du Schritt für Schritt ran gehen. Ohne Zucker ist das Leben nur halb so schön. Das gilt insbesondere für die Naschkatzen unter uns. Aber zum Glück gibt es sehr guten pflanzlichen Zuckerersatz. Der bekannteste Zuckerersatz ist Xylit! Und das erstaunliche ist, dass Xylit sich positiv für Diabetiker und Zähne auswirkt. Ansonsten ist Zucker im Übermaß nicht nötig. Natürlicher Fruchtzucker ist nochmal was anderes. Kaffee und Zigaretten sind absolutes Tabu und greifen so oder so die Zähne an. Süße Getränke wie schon erwähnt sind auch nicht förderlich für ein gesundes Gebiss. Am besten ist ein sehr gutes ausgesuchtes Wasser. Am besten solltest du immer nach deinem Gefühl gehen. Das Gefühl wirst du mit der Zeit auch immer mehr entwickeln, verfeinern und automatisch wissen, was dir gut tut und was nicht.

Das Ölziehen

Die uralte Methode aus dem Ayurveda. der ältesten Medizin der Welt, nennt sich Ölziehen. Das Ölziehen ist eine unkomplizierte Verfahrensweise zur täglichen Entgiftung. Besonders auf die Zahn- und Mundgesundheit wirkt sich das Ölziehen äusserst positiv aus. Es hilft gegen Zahnfleischbluten und Mundgeruch, festigt lockere Zähne, verringert Zahnbelag, bekämpft Karies und lässt Zähne wieder weiss werden. Traditionell gehört das Ölziehen aber auch zur ganzheitlichen Therapie vieler anderer Krankheiten. Erfolgsberichte mit dem Ölziehen liegen für zahlreiche Beschwerden vor – von Arthritis über Migräne bis hin zu Herzkrankheiten.

Hast du dich schon mal gefragt, warum dein Zahnarzt dir das ölziehend noch nie empfohlen hat? Klar, dann könnte er sich einige Behandlungen, die gut bezahlt werden, sparen. Ayurveda ist eine Medizin, die den Menschen ganzheitlich betrachtet. Es bedeutet „Wissen vom Leben" und weil wir lieber neue, komplizierte und vor allem teure Methoden zur Krankheitsbehandlung vorgeschrieben bekommen, wird es leider in den westlichen Ländern, so wie in Deutschland hauptsächlich als Wellness-Zweck publiziert.

Eine Studie übers Ölziehen aus dem Jahr 2008 kam zu folgenden Ergebnissen. Bei den Teilnehmern reduzierte das Ölziehen innerhalb von 40 Tagen die Zahl der Karies verursachenden Bakterien um 10 bis über 30 Prozent. Die Hälfte der Probanden, die zuvor für Karies stark anfällig waren, wechselten daraufhin in die Kategorie „mässig für Karies anfällig". Die andere Hälfte war nach der Ölziehkur sogar nur noch „gering für Karies anfällig". Ebenfalls begeisterte eine Studie, die zeigte, dass sich durch das Ölziehen die Menge der vorhandenen Kariesbakterien schon nach einer Woche signifikant reduziert hatte und zwar ähnlich stark wie in der Kontrollgruppe, die Chlorhexidin angewandt hatte. Chlorhexidin ist eine Chemikalie, die in vielen Mundspülungen enthalten ist. Direkt auf die Zähne aufgetragen soll Chlorhexidin längerfristig gegen Karies wirken können. Aufgrund der Nebenwirkungen des Chlorhexidins und anderer antibarektieller Therapieformen, die sich in Geschwürbildung der Mundschleimhaut sowie in Resistenzen der zu bekämpfenden Bakterien äussern können, sind doch einige neugierige Menschen stets auf der Suche nach natürlichen Alternativen für diesen zahnmedizinischen Bereich – wofür sich nun das Ölziehen so besonders gut und nebenwirkungsfrei anbietet. Die Forscher rieten daher auch, das Ölziehen statt Chlorhexidin als wirksame und vorbeugende Massnahme zur Verbesserung der Mundgesundheit einzusetzen.

Die Anwendung vom Ölziehen ist Kinderleicht. Du brauchst ein gutes, reines und natives Kokosöl, Sesamöl oder Sonnenblumenöl. Du solltest darauf achten das es zu 100% nur aus reinen Öl besteht. Dann brauchst du ein Schaber um dir Gifte und Bakterien von der Zunge abzukratzen. Da kannst du bei Amazon für ca. 5 Euro einen speziellen Ayurveda Schaber für die Zunge bestellen oder auch einen ganz normalen Löffel nehmen. Bevor du mit dem Ölziehen beginnst, schabst du dir mit dem Schaber die Zunge ab. Es bildet sich beim Schaben ein weißer Film. Die Zunge wird dadurch sauber und rosafarben, Mundgerüche werden reduziert und die Geschmackswahrnehmung wird wieder fein und sensibel.

Noch wichtiger ist aus Sicht der traditionellen östlichen Heilweisen bei der Zungenreinigung jedoch die Ablösung der Beläge von den Zungen-Reflexzonen. Bei einer gereinigten Zunge kann das darauf folgende Ölziehen nun über diese Reflexzonen das gesamte Verdauungssystem sowie die übrigen genannten Organe und deren Entgiftung stimulieren.

Nach dem du die Zunge gereinigt hast, nimmst du ca. einen großen Esslöffel Öl in den Mund und behältst es ohne zu Schlucken dort. Dann solltest du 15 – 20 min leicht mit dem Öl deinen Mund spülen. Vorsicht, wenn deine Wangen anfangen weh zu tun, dann spülst du zu stark. Das passiert oft am Anfang der Praxis. Am Anfang schmeckt das Öl noch unangenehm. Aber nach einiger Zeit gewöhnt sich dein Mund daran und du wirst locker, leicht Spülen und nebenbei die morgendlichen alltäglichen Dinge erledigen.

Wenn die 15 – 20 min rum sind dann spuckst du das Öl in ein Küchentuch und wirfst es in den Biomüll. In den Biomüll deswegen, weil in der öligen Substanz, die du ausspuckst Gifte und Bakterien enthalten sind, die nicht in die Toilette und somit ins Abwasser gehören. Denn das würde in den Wasserkreislauf geraten und das wollen wir nicht!

Nach dem du Öl gezogen hast, ist das gründliche Zähneputzen dran. Du wirst merken, danach hast du ein ganz anders Mundgefühl als du sonst immer gehabt hast. Eins wird dich am Anfang stören. Nämlich es nimmt viel Zeit weg am heiligen Morgen, wenn doch jede Minute zählt. Aber alles ist eine Sache der Gewöhnung und du wirst es mit Beständigkeit in deinen Alltag integrieren können. Wichtig ist eine Regelmäßigkeit rein zu bringen. Die besten Ergebnisse wirst du bekommen, wenn du auf lange Sicht regelmäßig Öl ziehst.

Den pH-Wert im Mund optimieren

Ein verbesserter pH Wert = kein Nährboden für Karies! Unterstützend zum Ölziehen morgens, kannst du im Nachhinein deinen pH-Wert im Mund verbessern. Aber auch abends über Nacht, wenn du nichts mehr isst, ist die Anwendung geeignet. Abschliessend nach dem Ölziehen und Zähneputzen morgens nehme, eine sehr kleine Menge (etwa eine Messerspitze voll) der „Sango Meeres Koralle" (Amazon) pur in den Mund und lass das Pulver sich dort langsam auflösen. Dies kannst du z.B wenn du das Haus verlässt, einfach im Mund lassen und in den Alltag verschwinden. Bereits diese kleine Menge bewirkt eine Normalisierung des pH-Wertes im Mund.

Die beschriebene entgiftende und antibakterielle Wirkung des Ölziehens besteht natürlich auch dann, wenn du die Sango Meeres Koralle im Anschluss an das Ölziehen nicht verwenden möchten.

Die Sango Meeres Koralle wird insbesondere deshalb in diesem Fall eingesetzt, um den pH-Wert in der Mundhöhle zu normalisieren, was insbesondere dann empfehlenswert ist, wenn ein aus dem Gleichgewicht geratener Säure-Basen-Haushalt im Mundbereich (z.B. bei Karies, bei Zahnfleischproblemen, bei Zahnstein etc.) wieder reguliert werden soll. Du wirst auch da merken, dass du ein viel besseres Mundgefühl nach der Verwendung hast.

Dein Bewusstsein verändert Realität

Nach dem ich aus Thailand von meinem Bewusstseinsseminar wieder in Deutschland war, wo ich geistige Techniken gelernt hatte, um meine Realität nach meinen Wünschen zu verändern und somit auch Krankheiten zur Norm wandeln konnte, hatte ich plötzlich mit meinem Karies zu tun. Erst war es ein Schock aber dann erkannte ich dies wie eine kleine Einladung an mich, meine neuen Techniken, die ich in Thailand gelernt hatte, gleich auszuprobieren. Ich dachte mir, Karies sei ja eines der kleineren Probleme und wenn dann sollte ich es damit testen ob die Technik funktioniert. Aber grundlegend gibt es keine Rangordnung der Schwierigkeiten bei Wundern und der Heilung. Das Problem ist unser begrenzter Verstand und seine Konditionierung vom kollektiven Bewusstsein. Uns Menschen wurde das ganze Leben eingetrichtert, dass wir klein sind und nur unser Arzt uns helfen kann. Aber eigentlich sind wir Riesen und sehr mächtige

Schöpfer die den Heilungsprozess selbst anstoßen können. Verstehst du? Als erstes hatten wir ja gelernt, dass eine Krankheit ein biologisches Sonderprogramm ist und auf dem Weg der Heilung ist, wenn man es nicht unterbricht. Jetzt können wir unterstützen. Der Arzt ist in dir! Es ist wichtig zu verstehen, dass wir mehr sind als unser Körper. Wir sind Bewusstsein und das Bewusstsein belebt diesen Körper. Es geht noch weiter, Bewusstsein steht über dem Körper (Materie). Denn ohne Bewusstsein gibt es keinen Körper. Aus der absoluten Ebene entspringt alles aus dem Bewusstsein. Und jetzt lässt du dich nicht mehr von anderen Instanzen steuern, sondern benutzt auch mal deine Macht, die du hast, denn du bist Bewusstsein. Vielleicht ist auch das nützlich zu wissen. Jede Zelle weiß genau, was sie zu tun hat. Der ganze Bauplan ist in ihr vorhanden. So wie deine Zähne als Kind gewachsen sind, könnten sie immer wieder nachwachsen, wenn wir es zulassen würden. Ein wunderbares und faszinierendes Beispiel ist ein Hai. Bei einem Hai können die Zähne innerhalb von acht Tagen nachwachsen. Und da seine Zähne bei der

Jagt ständig abbrechen, wachsen sie das ganze Leben ständig nach. Warum sollte es beim Hai aber bei uns Menschen nicht geschehen? Also jetzt werfe dein Verstandes-kontroll-Implantat was man dir gegeben hat weg und öffne deinen Geist für die Möglichkeiten.

Okay, fangen wir an. Du kannst, so wie ich, dir ein Blatt Papier nehmen und dir ein Manifestations-Skript schreiben. Schreibe also Punkt für Punkt auf in welchen Schritten du mit deinem Bewusstsein was lenkst. Später wenn du lenken möchtest, kannst du dich an einen ruhigen Ort hinsetzten und diese Lenkung machen. Mache sie so oft wie dein Herz dir das sagt. Einmal, zweimal, Tage oder Wochen.

Zur Regeneration fehlender Zähne treffen wir vor allem die **bewusste Entscheidung**!

Für unsere Lenkung im Bewusstsein, änderst du als erstes das Ereignis, dass zum Zahnverlust/Karies geführt hat. Schließe deine Augen, werde dir bewusst, dass du jetzt im Geist bist und eins mit dem Schöpfer bist und so siehts und handelst wie er. Dann sagst du: **Rettung und harmonische Entwicklung. Regeneration meines Zahns/Karies zur Norm.**

Anschließend ist es wichtig aus dem Ereignis der Krankheit auszutreten. Es ist dabei wichtig zu verstehen, dass Vergangenheit, Gegenwart und Zukunft gleichzeitig existieren. Zum besseren Verständnis stelle dir dein Leben auf einer CD vor. Du bist im Moment auf der CD drin und fixiert, weißt aber nicht das du eine CD bist, die man vor und zurück spulen kann. Somit sind Vergangenheit, Gegenwart und Zukunft schon vorhanden auf deiner CD des Lebens. Zurück zur Lenkung. Sage dir innerlich und lenke: **Ich sehe die Ursache für meinen fehlenden Zahn/Karies und leite mein Bewusstsein bis eine Stunde vor den Auslöser. Ich beschließe, an den Ereignissen nicht teilgenommen zu haben. Zeit und Raum haben sich nicht getroffen. Ich bin meinen lichten Weg des Schöpfers gegangen. Die Ereignisse und ihre Beteiligten sind ihre lichten Wege gegangen. Unsere Wege haben sich nicht gekreuzt. Mein Entschluss be-**

leuchte ich und fixiere das Resultat im hier und jetzt.

Danach bei fehlenden Zähnen: Ich gehe mit meinem Bewusstsein tief in die Knochenstruktur des Zahnes hinein. Ich sehe die aktive Stelle vor mein innerliches Auge, die alle Informationen über den Zahn hat und arbeite mit ihr. Ich gebe dieser Zelle den Impuls, alle negativen Informationen aus dem Zahn herauszudrücken. Gebe der Zelle einen Impuls zum Wachstum des Zahnes und stelle dir das bildlich vor. Der Zahn stellt sich schnell wieder her.

Bei Karies: Jetzt gehst du mit deinem Bewusstsein zu dem Zahn der Karies hat. Jetzt siehst du vor deinem inneren Auge die informative Struktur deines Karies. Bilde mit deinem Bewusstsein eine Sphäre mit heißem flüssigen Plasma. Nimm diese negative Struktur von deinem Karies und ziehe sie in die Sphäre mit heißem Plasma. Jetzt drücke die Sphäre zusammen und verbrenne die negative Struktur deines Karies. Als nächstes holen wir uns die

Führerzelle des Karies (Jede Krankheit hat eine führende Zelle). Du nimmst diese Führerzelle ebenso und ziehst sie in die Sphäre mit heißem Plasma. Drücke die Führerzelle ebenso zusammen und verbrenne sie.

Jetzt lasse deinen Zahn mit erneuerbarem hellem Licht durchfluten. Gib dem Zahn den Satz und Impuls: **Regeneration zur Norm des Schöpfers.**

Es geht im allgemein darum, aus der Opferhaltung raus zu kommen und den inneren Heiler zu aktivieren und heilende Kräfte in Gang zu setzten. Mehr ist es nicht. So eine Krankheit ist einfach ein Programm. Wir ändern das Programm wieder bewusst. Stelle dir dunkle Blockaden vor und es gilt den Strom von heilender Lebensenergie wieder fließen zu lassen. Es zählt allein die innere Haltung. Sage dir deshalb bei einer ruhigen günstigen Gelegenheit oder einfach beim spazieren bei jedem Schritt innerlich öfters: Ich bin gesund und vital. Du kannst auch zum Beispiel beim Zähneputzen gedanklich Plasmoide (kleine Teilchen die eine bestimmte Aufgabe haben) zur Umwandlung von Ablagerungen und zur Reinigung einsetzten und sie gedanklich mit in deine Zahncreme setzen. Deiner Vorstellungskraft sind da keine Grenzen gesetzt. Es geht im Grunde nur darum sich es vorstellen zu können, denn Gedanken schaffen Realität wie wir ja wissen.

Konflikte lösen (Der Schockmoment)

Wie du erfahren hast, kann dein Karies auch durch ein Schockerlebnis ausgelöst werden. Im allgemein hat Karies mit „nicht im Leben durchbeißen können" zutun. Der Konflikt der dabei entsteht ist: Nicht zubeißen, sich nicht wehren dürfen.

Hier sind einige Beispiele: Ein Angestellter muss sich immer von seinem Vorgesetzten zurechtweisen (beißen) lassen, darf aber nicht „zurück beißen", sonst ist er seinen Posten los.

Eine Frau wird von ihrem Partner unter Druck gesetzt, sich endlich gegen die Übergriffe des Bruders zur Wehr zu setzten. Die Frau will aber keinen Streit.

Der biologische Sinn des Karies ist: Die Person oder Sache soll durch vorübergehende Überempfindlichkeit nicht mehr „beißfähig" gemacht werden. Man kann gar nicht mehr zubeißen, weil das Beißen schmerzt.

Zusätzliche Therapie deiner Seele: Über die mögliche seelische Ursache nachdenken. Konflikt herausfinden und möglichst real lösen. Auch hiermit setzt du heilende Energiebahnen frei.

Wie die heilenden Energien der Meditation Stresse lösen können

Eines der Hauptgründe für Karies ist mitunter Stress. Wir sind in unserer heutigen Gesellschaft sogar einem künstlich in die höhe getriebenen Stress ausgesetzt. Warum sind wir überhaupt künstlichen Stress ausgesetzt? Wenn die Menschen ständig beschäftigt und unterwegs sind, haben sie keine Chance mehr um nachzudenken. Die Folge ist seelisches Leiden und der Stress geht in Form von Karies auf die gesunden Zähne über. Sehe es als natürliche Ursache und Wirkung. Was können wir tun? Auf der einen Seite können wir bedingt dem künstlich erschaffenen Stress entrinnen und versuchen aus dem Hamsterrad ein bisschen auszusteigen. Ich sage ein bisschen, weil der komplette Ausstieg nicht unbedingt möglich ist. Hallo? Wir leben in der Matrix. Ein bisschen müssen wir schon nach den Spielregeln spielen, sonst wird es ziemlich ungemütlich.

Aber ich denke, dass wir mit uns und mit dem Leben ein bisschen achtsamer umgehen können um den hohen Stressfaktor ein bisschen runterzuschrauben. Ich persönlich habe auch einen sehr stressigen Beruf und muss oft eine immense Kapazität und Produktivität bewerkstelligen. Oft war ich abends völlig kaputt und war froh, wenn ich meine Ruhe hatte. Klar, mein Körper konnte den Stress nicht mehr lange kompensieren und ich hatte schon eine gewissen Messlatte erreicht.

Zum Glück lernte ich in meinem Leben was ganz wunderbares kennen. Eine Art Druckventil, Energie und Glücksquell um mich zu entspannen und wieder aufzuladen. Ich fing an zu meditieren. Jetzt habe ich schon seit ca. 5 Jahren Praktik verschiedene Meditationstechniken durch und einige Erfahrungen, die ich gemacht hatte, wirst du auch in meinem ersten persönlichen biografischen Roman finden „Die Stimme meines Herzens. Mein Erfahrungsweg zur Selbstfindung". Dann hatte ich durch viel ausprobieren für mich die einfachste und natürlichste Technik gefunden um komplett loszulassen. Die effektivste Methode für mich ist die Transzendentale Meditation. Die TM ist eine einfache, natürliche und simple Technik mit der man tiefere Ebenen des Denkens erreichen kann und schließlich eine Ebene transzendiert (überschreitet). Der Vorgang, welcher die Aufmerksamkeit zur Ebene des transzendentalen Seins bringt, ist als das System Transzendentaler Meditation bekannt. Dabei wird ein geeigneter Gedanke ohne Bedeutung ausgewählt, und die Technik, diesen in seinen anfänglichen Entwicklungsstadien zu erfahren, erlaubt es dem bewussten Geist, systematisch zum Ursprung des Gedanken, zum Feld des Seins zu gelangen. Es wurde dargelegt, dass das Sein der Zustand ewiger und absoluter Existenz ist und dass der Weg, sein Sein zu erfahren, darin besteht, die Erfahrung von groben subtilen Schichten der Schöpfung zu führen, bis der Geist in der Transzendenz anlangt.

Das Sein ist dein absoluter Urzustand und in seiner Natur absolute Glückseligkeit. Diese heilenden Schwingungen regelmäßig zu erfahren, bringt sehr viele Vorteile mit sich. Es gibt unzählige Studien über die TM Ausübung, die dies zeigen. Die allgemein groben Vorteile sind: man wird von innen heraus selbst glücklicher, bessere Gesundheit, eine Entwicklung des Gehirns zum vollen Potenzial und der Abbau von Stress.

Hier eine Beschreibung speziell auf den Stress bezogen: Jede Erfahrung hinterlässt einen Eindruck, der im Nervensystem gespeichert wird. Wir können das mit einer Schieferntafel vergleichen. Wenn wir morgens aufwachen, ist sie noch relativ leer. Erfahrungen während des Tages aber sind wie kleine und große Zeichnungen. Irgendwann ist die Tafel voll und das erschöpfte Nervensystem streikt. Nun muss man die Tafel sauber wischen. Zum Glück kennt der Körper ein vollkommen natürliches, automatisches Verfahren, um genau das zu tun – den Schlaf, während dessen er nicht nur in den Ruhemodus umschaltet, sondern sich selbst regeneriert.

Ruhe bedeutet also, dass Verspannungen abgebaut und Eindrücke ausgeglichen werden. Das Problem besteht darin, dass in unserem geschäftigen Leben ständig neue, auch sehr intensive Eindrücke auf uns einwirken. Meist reicht die Ruhe der Nacht nicht mehr aus, um all das auszugleichen. Der Schlaf ist nicht tief genug, um tiefverwurzelte Eindrücke zu beseitigen – wie z.B. jenen »Knoten im Herzen« nach einem Streit. Zwar haben wir am nächsten Morgen das Gefühl, die Belastung sei etwas geringer geworden, aber komplett verschwunden ist sie nicht. Die Regeneration des Schlafes reichte nicht aus. Stress, den der Schlaf nicht auflöst, sammelt sich mit der Zeit an. Irgendwann beginnt er, das normale Funktionieren des Körpers zu beeinträchtigen. Psychische und körperliche Probleme sind das Resultat. Meist manifestieren sie sich in unserem genetischen »Schwachpunkt«. Manche bekommen Herzprobleme, andere Magenschmerzen oder Darmstörungen, wieder andere verfallen in Depression. Bei unserem speziellen Thema auch Karies!

Wenn der Geist »transzendiert«, erfährt er einen Zustand tiefer innerer Ruhe: tiefer als im Tiefschlaf. Geist und Körper wiederum sind innig miteinander verbunden. Wenn der Geist still wird, folgt ihm der Körper nach: Tiefe körperliche Ruhe ist das natürliche, objektive, messbare Resultat. Als Folge dieser tiefen Ruhe beginnt der Körper, sich von tiefsitzenden Stressfolgen zu befreien. Selbst tiefste Traumata, die jahrelange Therapien nicht beseitigen konnten, lösen sich auf.

Wenn aber der Körper Verspannungen beseitigen kann, die seine normalen Funktionsabläufe beeinträchtigen, dann bessert sich das allgemeine Wohlbefinden ganz von selbst.

Diese Erkenntnis, dass ich jetzt keinen Karies mehr bekomme, kam mit meiner regelmäßigen TM Praxis einher. Durch das regelmäßige Eintauchen in der universellen Grundschwingung, spülte ich verglichen mit einer Waschmaschine den gespeicherten Stress aus meinem System. Deswegen möchte ich dir ans Herz legen, wenn du deinen Karies entgegen wirken möchtest, regelmäßig die Waschmaschine anzuschalten. Vielleicht wirst du dann auch wie ich, die vielen anderen Vorteile der Meditation nicht mehr missen wollen.

Abschließende Worte

Karies entsteht nicht einfach nur so. Und wir sollten auch nicht immer nach außen schauen, nach dem Motto es oder er ist Schuld. Die Gründe von Karies sind vielschichtig und liegen im allgemein an dir! Das was ich eben grundlegend dargelegt habe, sind die Eckfeiler und Grunddaten gesunder Zähne. Ich hatte mit diesem Buch die Karieslüge entlarvt und dir gezeigt, dass dein Körpersystem Karies mittels biologischem Sonderprogramm selbst heilt. Aber du solltest auch in Betracht ziehen, dass die Gründe, warum Karies entsteht auch immer bei jedem Menschen verschieden sind. Die Wurzel ist aber, dass Karies immer einen innerlichen psychologischen Grund hat. Jeder Zahn steht für sich alleine und ist mit anderen Ursachen verbunden. Deswegen bekommst du z.B auf der rechten Seite auf einem bestimmten Backenzahn Karies und auf der anderen Seite wiederum nicht. Das rührt daher, dass der Auslöser einen bestimmten seelische Aspekt hat. Diesen wiederum weißt du nur selbst!

Jeder Mensch hat andere Grundthemen. Ich empfehle dir im allgemein zu gucken was dich speziell in deinem Leben seelisch belastet oder dir Stress bereitet und dies in Betracht zu ziehen. Wer von Grund auf eine schlechte Verbindung zu sich selbst hat und sich unsicher ist, der kann einen Experten zu Rat ziehen. Deshalb empfehle ich dir in diesem Fall einen Therapeut von „Innerwise"! Als ich Innerwise zum ersten mal sah, dachte ich: Wow, dass ist die Zukunft! Als ich Uwe Albrecht den Entwickler von Innerwise bei einer Behandlung beobachtete, erkannte ich dass er ein Heiler von einem anderen Stern ist. Innerwise gibt ein Verständnis für die dem Leben zugrundeliegenden energetischen Muster und Felder von Menschen, Tieren und Systemen und zeigt Wege auf, Irritationen in einfachster Art zu klären. Die Art und Weise wie der Heiler den Klienten abfragt und der innere Heiler des Klienten präzise und verblüffende Antworten gibt, beeindruckte mich zutiefst. Wenn du mehr dazu wissen möchtest dann schau einfach bei: innerwise.com im Internet nach und lese dich ein bisschen ein.

Vielen Dank, dass du dich für diesen kleinen Kurs entschieden hast und ich hoffe, du hast Lust bekommen diese praktischen Verbesserungen zugunsten deines Karies einfach mal auszuprobieren. In einer Zeit von ca. 1 Monat solltest du eine Veränderung spüren. Ich wünsche dir ein starkes und gesundes Gebiss!

Steffen Wolff

Zeitfracht Medien GmbH
Ferdinand-Jühlke-Straße 7
99095 Erfurt, Deutschland
produktsicherheit@kolibri360.de